Grundriß
des
gesamten deutschen Rechtes
in Einzelausgaben
von
Paul Posener.

16. Band.

Strafprozeß.

Zweite und dritte Auflage.

Berlin 1909.
J. Guttentag, Verlagsbuchhandlung,
G. m. b. H.

A. W. Hayn's Erben, Potsdam.

Inhaltsverzeichnis.

4. Kapitel.

Das Eingreifen des Verletzten in den Prozeß.

5. Kapitel.

Besondere Verfahrensarten.

6. Kapitel.

Die Strafvollstreckung.

Abkürzungen.

A = Anfechtungsgesetz.
Abs = Absatz.
ALR = allgemeines Landrecht (Preußen).
Ausf- = Ausführungsgesetz zu . . . . .
B = Bürgerliches Gesetzbuch.
Bn = Binnenschiffahrtsgesetz.
Band = Band des Grundrisses.
C = Strafprozeßordnung.
Cod = Codex.
D = Digesten.
E = Eisenbahnverkehrsordnung.
Einf- = Einführungsgesetz zu . . . . .
F = Reichsgesetz über freiwillige Gerichtsbarkeit.
Fl = Flößereigesetz.
G = Gerichtsverfassungsgesetz.
Gb = Ges. betr. die Gesellschaften mit beschränkter Haftung.
Gn = Genossenschaftsgesetz.
Gr = Grundbuchordnung.
Gw = Gewerbeordnung.
H = Handelsgesetzbuch.
J = Institutionen.
JRA = Jüngster Reichsabschied.
K = Konkursordnung.
KG = Entsch. des Kammergerichtes.
MC = Militärstrafgerichtsordnung.
MS = Militärstrafgesetzbuch.
Nr. = Nummer.
P = Patentgesetz.
Po = Postgesetz.
pr = preußisch.
R = Reichsverfassung.
RG = Entscheidungen des Reichsgerichtes.
RMG = Entscheidungen des Reichsmilitärgerichtes.
ROLG = Rechtsprechung der Oberlandesgerichte.
S = Strafgesetzbuch.
SC = senatus consultum.

sc. = saeculum.
Ssp = Sachsenspiegel.
Swsp = Schwabenspiegel.
U = Urheberrechtsgesetz.
V = Vrefassung.
Vl = Verlagsgesetz.
Vv = Versicherungsvertragsgesetz.
vgl. = vergleiche.
W = Wechselordnung.
w. o. = weiter oben.
w. u. = weiter unten.
Z = Zivilprozeßordnung.
Zg = Zwangsversteigerungsgesetz.

Anfragen und Berichtigungen werden an die Adresse der Verlagsbuchhandlung oder direkt an den Verfasser Assessor Dr. iur. Paul Posener in Charlottenburg 2, Bleibtreustraße 18, erbeten.

§ 1. **Strafprozeß** ist das gerichtliche Verfahren zur Verhandlung und Entscheidung über die Anwendung des materiellen Strafrechtes auf einen Fall der Verletzung desselben.

I. Zweck des Strafprozesses ist die Ermittelung, ob der Angeklagte eine strafbare Handlung verübt hat.

1. Es handelt sich um die Ermittelung der materiellen Wahrheit.

Dagegen gilt im Z die Verhandlungsmaxime; es kommt also auf die Ermittelung der formellen Wahrheit an. Vergleiche Band 9.

2. Das Geständnis ist im C nicht ein absolutes Beweismittel, sondern Gegenstand der freien Beweiswürdigung.

Dagegen galt seit Innozenz III.: confessio regina probationum. Auch im Z ist das Geständnis grundsätzlich Beweissurrogat, vgl. Band 9.

II. Die Strafprozeßordnung vom 1. Februar 1877 ist seit dem 1. Oktober 1879 in Kraft. Legalordnung, C 1—506, in sieben Büchern.

1. Buch: Allgemeine Bestimmungen, C 1—150, in elf Abschnitten.

1. Sachliche Zuständigkeit der Gerichte, C 1—6.
2. Gerichtsstand, C 7—21.
3. Ausschliessung und Ablehnung von Gerichtspersonen, C 22—32.
4. Gerichtliche Entscheidungen und deren Bekanntmachung, C 33—41
5. Fristen und Wiedereinsetzung in den vorigen Stand, C 42—47.
6. Zeugen, C 48—71.
7. Sachverständige und Augenschein, C 72—93.
8. Beschlagnahme und Durchsuchung, C 94—111.
9. Verhaftung und vorläufige Festnahme, C 112—132.
10. Vernehmung des Beschuldigten, C 133—136.
11. Verteidigung, C 137—150.

2. Buch: Verfahren in erster Instanz, C 151—337, in acht Abschnitten.

1. Oeffentliche Klage, C 151—155.
2. Vorbereitung der öffentlichen Klage, C 156—175.
3. Gerichtliche Voruntersuchung, C 176—195.
4. Entscheidung über die Eröffnung des Hauptverfahrens, C 196—211.
5. Vorbereitung der Hauptverhandlung, C 212—224.
6. Hauptverhandlung, C 225—275.
7. Hauptverhandlung vor den Schwurgerichten, C 276—317.
8. Verfahren gegen Abwesende, C 318—337.

3. Buch: Rechtsmittel, C 338—398, in vier Abschnitten.

1. Allgemeine Bestimmungen, C 338—345.
2. Beschwerde, C 346—353.
3. Berufung, C 354—373.
4. Revision, C 374—398.

4. Buch: Wiederaufnahme eines durch rechtskräftiges Urteil geschlossenen Verfahrens, C 399—413.

5. Buch: Beteiligung des Verletzten bei dem Verfahren, C 414—446, in zwei Abschnitten.

1. Privatklage, C 414—434.
2. Nebenklage, C 435—446.

6. Buch: Besondere Arten des Verfahrens, C 447—480, in fünf Abschnitten.

1. Verfahren bei amtsrichterlichen Strafbefehlen, C 447—452.
2. Verfahren nach vorangegangener polizeilicher Strafverfügung, C 453—458.
3. Verfahren bei Zuwiderhandlungen gegen die Vorschriften über die Erhebung öffentlicher Abgaben und Gefälle, C 459—469.
4. Verfahren gegen Abwesende, welche sich der Wehrpflicht entzogen haben, C 470—476.
5. Verfahren bei Einziehungen und Vermögensbeschlagnahmen, C 477—480.

7. Buch: Strafvollstreckung und Kosten des Verfahrens, C 481—506, in zwei Abschnitten.

1. Strafvollstreckung, C 481—495.
2. Kosten des Verfahrens, C 496—506.

Eine Reform des C ist in Aussicht; Entwurf 1908, 1909.

Literatur: Bennecke-Beling, Lehrbuch; Rosenfeld, Lehrbuch; Birkmeyer in seiner Enzyklopädie; Beling bei v. Holtzendorff 2.

§ 2. **Die Prinzipien des Strafprozesses** weichen von denen des Zivilprozesses wesentlich ab.

I. Das Strafverfahren ist vom Zivilverfahren vollkommen gesondert.

Ein Adhäsionsprozess findet nicht mehr statt. Zivilrechtliche Ansprüche müssen grundsätzlich im Z geltend gemacht werden; jedoch erledigt der Strafrichter in zwei Fällen bürgerlichrechtliche Ersatzansprüche:

1. bei der Entscheidung über die Herausgabe mit Beschlag belegter Sachen;
2. bei der Entscheidung über die Zuerkennung einer Busse, vgl. w. u. Seite 22.

1. Das Strafurteil ist prinzipiell für den Zivilrichter nicht bindend.

Ausnahme: Unfallversicherungsgesetz.

2. Der Strafrichter ist an ein Zivilurteil nicht gebunden.

Hängt die strafrechtliche Entscheidung von der Entscheidung einer zivilrechtlichen Frage ab, z. B. ob Eigentum des Täters an der Sache besteht, so kann der Strafrichter über die Zivilsache selbst entscheiden oder aussetzen und die Entscheidung des Zivilrichters abwarten.

Ist die zivilprozessualische Entscheidung Bedingung der Strafbarkeit, z. B. S 172, so ist diese abzuwarten, bevor eingeschritten wird.

II. Prozeßfähig im C ist, wer das 12. Lebensjahr vollendet hat.

III. Grundsätze des C sind: Mündlichkeit, Unmittelbarkeit, Oeffentlichkeit, Offizialmaxime, Akkusationsmaxime, Kontinuität, Prinzip der Laienbeteiligung.

1. Offizialmaxime ist der Grundsatz, daß der Verbrecher ex officio verfolgt wird.

Damit hängt das Anklagemonopol der Staatsanwaltschaft zusammen. Auf Grund des Legalitätsprinzipes ist der Staatsanwalt verpflichtet, auf Anzeige gegen den Täter einer strafbaren Handlung einzuschreiten, S 346; jedoch bestehen hiervon zwei Ausnahmen zugunsten des Opportunitätsprinzipes:

1. im Rahmen von S 4, vgl. Band 15;
2. der Staatsanwalt kann bei Privatklagesachen, w. u. Seite 21, selbst die Verfolgung übernehmen.

2. Akkusationsmaxime (Anklageprinzip) ist der Grundsatz, daß der Ankläger und der Angeklagte gleichberechtigte Prozeßparteien sind. Der Richter steht unabhängig über der Parteitätigkeit, ohne selbst mit der Verfolgung befaßt zu sein.

Nach rRe und älterem dRe bestand Anklageprinzip: wo kein Kläger, da kein Richter.

Im kanRe ist der Inquisitionsprozess durch Innozenz III. eingeführt und ausgebildet worden; von da ist er ins gemR und in die Carolina gekommen; in letzterer finden sich noch beide Formen.

Der Prozeß nach der C ist Anklageprozeß; die Voruntersuchung ist inquisitorisch gestaltet.

Nach anderer Ansicht ist der Prozess nach der C Inquisitionsprozess mit Anklageform.

1. Kapitel.

Allgemeine Bestimmungen.

§ 3. **Die sachliche Zuständigkeit** der Gerichte wird durch das G bestimmt; vgl. Band 8.

I. Zusammenhängende Strafsachen, welche einzeln zur Zuständigkeit von Gerichten verschiedener Ordnung gehören würden, können verbunden bei demjenigen Gericht anhängig gemacht werden, welchem die höhere Zuständigkeit zukommt.

1. Ein Zusammenhang ist vorhanden, wenn eine Person mehrerer strafbarer Handlungen beschuldigt wird, oder wenn bei einer strafbaren Handlung mehrere Personen als Täter, Teilnehmer, Begünstiger oder Hehler beschuldigt werden.

2. Eine Verbindung zusammenhängender oder eine Trennung verbundener Strafsachen kann auch nach Eröffnung der Untersuchung auf Antrag der Staatsanwaltschaft oder des Angeschuldigten oder von Amts wegen durch gerichtlichen Beschluß angeordnet werden.

II. Das Gericht hat seine sachliche Zuständigkeit in jeder Lage des Verfahrens von Amts wegen zu prüfen.

§ 4. **Gerichtsstand** (örtliche Zuständigkeit) ist das Recht und die Pflicht des Gerichtes, den Tatbestand einer strafbaren Handlung zu verhandeln und darüber zu entscheiden.

I. In erster Linie ist dasjenige Gericht zuständig, in dessen Bezirk die strafbare Handlung begangen ist, forum delicti commissi.

1. Ort der Tat: Band 15.

2. Wird der Tatbestand der strafbaren Handlung durch den Inhalt einer im Inlande erschienenen Druckschrift begründet, so ist als forum delicti commissi nur dasjenige Gericht anzusehen, in dessen Bezirk die Druckschrift erschienen ist; es besteht kein fliegender Gerichtsstand der Presse mehr.

Jedoch ist in den Fällen der Beleidigung, sofern die Verfolgung im Wege der Privatklage stattfindet, auch das Gericht, in dessen Bezirk die Druckschrift verbreitet worden ist, zuständig, wenn in diesem Bezirke die beleidigte Person ihren Wohnsitz oder gewöhnlichen Aufenthalt hat.

II. Der Gerichtsstand ist auch bei demjenigen Gerichte begründet, in dessen Bezirk der Angeschuldigte zur Zeit der Erhebung der Klage seinen Wohnsitz hat, forum domicilii; subsidiär ist das Gericht des gewöhnlichen Aufenthaltsortes bzw. des letzten Wohnsitzes zuständig.

III. Wenn die strafbare Handlung im Auslande begangen und ein forum domicilii nicht begründet ist, so ist dasjenige Gericht zuständig, in dessen Bezirk die Ergreifung erfolgt, forum deprehensionis.

IV. Hat eine Ergreifung nicht stattgefunden, so wird das zuständige Gericht vom Reichsgericht bestimmt, forum destinationis.

V. Unter mehreren zuständigen Gerichten gebührt demjenigen der Vorzug, welches die Untersuchung zuerst eröffnet hat; es entscheidet also Prävention.

VI. Der Angeschuldigte muß den Einwand der Unzuständigkeit bei Verlust desselben bis zum Schlusse der Voruntersuchung, falls aber eine solche nicht stattgefunden hat, in der Hauptverhandlung bis zur Verlesung des Beschlusses über die Eröffnung des Hauptverfahrens geltend machen.

1. Durch eine Entscheidung, welche die Zuständigkeit für die Voruntersuchung feststellt, wird die Zuständigkeit auch für das Hauptverfahren bestimmt.

2. Nach Eröffnung des Hauptverfahrens darf das Gericht seine Unzuständigkeit nur auf Einwand des Angeklagten aussprechen.

§ 5. **Behinderung des Richters** an der Ausübung der Gerichtsbarkeit kann auf Grund von Ausschließungsgründen oder wegen Befangenheit eintreten.

I. Ein Richter ist von der Ausübung des Richteramtes kraft Gesetzes ausgeschlossen:

1. wenn er selbst durch die strafbare Handlung verletzt ist;

2. wenn er Ehemann oder Vormund der beschuldigten oder der verletzten Person ist oder gewesen ist;

3. wenn er mit dem Beschuldigten oder mit dem Verletzten in gerader Linie verwandt, verschwägert oder durch Adoption verbunden, in der Seitenlinie bis zum dritten Grade verwandt oder bis zum zweiten Grade verschwägert ist, auch wenn die Ehe, durch welche die Schwägerschaft begründet ist, nicht mehr besteht;

4. wenn er in der Sache als Beamter der Staatsanwaltschaft, als Polizeibeamter, als Anwalt des Verletzten oder als Verteidiger tätig gewesen ist;

5. wenn er in der Sache als Zeuge oder Sachverständiger vernommen ist;

6. wenn er Instanzrichter war; er darf in diesem Falle in der höheren Instanz nicht mitwirken;

7. wenn er Untersuchungsrichter oder Berichterstatter der Eröffnungskammer war.

II. Ein Richter kann sowohl in den Fällen, in denen er von der Ausübung des Richteramtes kraft Gesetzes ausgeschlossen ist, als auch wegen Besorgnis der Befangenheit abgelehnt werden.

1. Wegen Besorgnis der Befangenheit findet die Ablehnung statt, wenn ein Grund vorliegt, welcher geeignet ist, Mißtrauen gegen die Unparteilichkeit eines Richters zu rechtfertigen.

2. Das Ablehnungsrecht steht der Staatsanwaltschaft, dem Privatkläger und dem Beschuldigten zu. Den zur Ablehnung Berechtigten sind auf Verlangen die zur Mitwirkung bei der Entscheidung berufenen Gerichtspersonen namhaft zu machen.

Die Ablehnung eines Richters wegen Besorgnis der Befangenheit ist in der Hauptverhandlung erster Instanz nur bis zur Verlesung des Beschlusses über die Eröffnung des Hauptverfahrens, in der Hauptverhandlung über die Berufung und die Revision nur bis zum Beginne der Berichterstattung zulässig.

III. Die Bestimmungen über Ausschließung und Ablehnung finden auf Schöffen und Gerichtsschreiber entsprechende Anwendung.

IV. Die Bestimmungen über Ausschließung finden auf Geschworene Anwendung; wegen der Ablehnung siehe w. u. Seite 16.

§ 6. Zeugen sind unbeteiligte Personen, die über ihre Wahrnehmungen berichten sollen.

I. Die Zeugnispflicht ist eine allgemeine Staatsbürgerpflicht.

1. Der Zeuge wird unter Hinweis auf die gesetzlichen Folgen seines Ausbleibens geladen.

Soldaten werden durch Ersuchen der Militärbehörde geladen.

Der Reichskanzler, die Minister, die Senatoren der Hansastädte sind an ihrem Amtssitze bzw. an ihrem Aufenthaltsorte zu vernehmen.

2. Erscheint der Zeuge trotz ordnungsmäßiger Ladung nicht, so wird er in die durch sein Ausbleiben verursachten Kosten und zu einer Geldstrafe bis zu 300 Mark (ev. Haft bis zu 6 Wochen) verurteilt.

Sachverständiger Zeuge ist ein Zeuge, dessen Wahrnehmung auf Grund besonderer Sachkunde erfolgte.

II. Zur Verweigerung des Zeugnisses sind berechtigt:

1. auf Grund verwandtschaftlicher Beziehungen:

a) der Verlobte des Beschuldigten;

b) der Ehegatte des Beschuldigten, auch wenn die Ehe nicht mehr besteht;

c) diejenigen, welche mit dem Beschuldigten in gerader Linie verwandt, verschwägert oder durch Adoption verbunden oder in der Seitenlinie bis zum dritten Grade verwandt oder bis zum zweiten Grade verschwägert sind, auch wenn die Ehe, durch welche die Schwägerschaft begründet ist, nicht mehr besteht.

Die bezeichneten Personen sind vor jeder Vernehmung über ihr Recht zur Verweigerung des Zeugnisses zu belehren. Sie können den Verzicht auf dieses Recht auch während der Vernehmung widerrufen.

2. Geistliche in Ansehung desjenigen, was ihnen bei Ausübung der Seelsorge anvertraut ist;

3. Verteidiger des Beschuldigten in Ansehung desjenigen, was ihnen in dieser ihrer Eigenschaft anvertraut ist;

4. Rechtsanwälte und Aerzte in Ansehung desjenigen, was ihnen bei Ausübung ihres Berufes anvertraut ist.

Verteidiger, Rechtsanwälte und Aerzte dürfen das Zeugnis nicht verweigern, wenn sie von der Verpflichtung zur Verschwiegenheit entbunden sind.

5. Jeder Zeuge kann die Beantwortung solcher Fragen verweigern, deren Beantwortung ihm oder seinen nahen Angehörigen die Gefahr strafgerichtlicher Verfolgung zuziehen würde.

Dagegen bestehen andere Weigerungsgründe (Band 9) im C nicht.

III. Oeffentliche Beamte, auch wenn sie nicht mehr im Dienste sind, dürfen über Umstände, auf welche sich ihre Pflicht zur Amtsverschwiegenheit bezieht, als Zeugen nur mit Genehmigung ihrer vorgesetzten Dienstbehörde oder der ihnen zuletzt vorgesetzt gewesenen Dienstbehörde vernommen werden.

1. Für den Reichskanzler bedarf es der Genehmigung des Kaisers, für die Minister der Genehmigung des Landesherrn, für die Mitglieder der Senate der freien Hansestädte der Genehmigung des Senats.

2. Die Genehmigung darf nur versagt werden, wenn die Ablegung des Zeugnisses dem Wohle des Reiches oder eines Einzelstaates Nachteil bereiten würde.

IV. Unbeeidigt sind zu vernehmen:

1. Personen, welche zur Zeit der Vernehmung das 16. Lebensjahr noch nicht vollendet oder wegen mangelnder Verstandesreife oder wegen Verstandesschwäche von dem Wesen und der Bedeutung des Eides keine genügende Vorstellung haben;

2. Personen, welche nach den Bestimmungen der Strafgesetze unfähig sind, als Zeugen eidlich vernommen zu werden;

3. Personen, welche hinsichtlich der den Gegenstand der Untersuchung bildenden Tat als Teilnehmer, Begünstiger oder Hehler verdächtig oder bereits verurteilt sind.

Stehen Personen zu dem Beschuldigten in einem nahen Verhältnisse, welches sie zur Verweigerung des Zeugnisses berechtigt, so hängt es von dem richterlichen Ermessen ab, ob sie unbeeidigt zu vernehmen oder zu beeidigen sind. Sie können auch nach der Vernehmung die Beeidigung des Zeugnisses verweigern und sind über dieses Recht zu belehren.

V. Jeder Zeuge wird einzeln vernommen; die später abzuhörenden Zeugen dürfen während seiner Vernehmung im Verhandlungsraume nicht anwesend sein.

1. Der Zeuge ist vor seiner Vernehmung zu beeidigen; aus besonderen Gründen, z. B. wegen Zweifels über die Zulässigkeit, kann die Beeidigung ausgesetzt werden.

2. Der Zeuge wird grundsätzlich in der Hauptverhandlung beeidigt; aber es bestehen zwei Ausnahmen:

a) wegen Behinderung des Zeugen, in der Hauptverhandlung zu erscheinen, C 222.

b) Beeidigung in der Voruntersuchung, C 65.

§ 7. **Sachverständige** sind Personen, die auf Grund ihrer Erfahrung und Sachkunde dem Richter die Beurteilung des Tatbestandes erleichtern sollen.

I. Der Richter wählt den Sachverständigen aus.

II. Der Sachverständige kann aus denselben Gründen wie ein Richter abgelehnt werden.

III. Verpflichtet als Sachverständiger zu fungieren, ist:

1. wer zur Erstattung von Gutachten der erforderten Art öffentlich bestellt ist;

2. wer die Wissenschaft, die Kunst oder das Gewerbe, deren Kenntnis Voraussetzung der Begutachtung ist, öffentlich zum Erwerbe ausübt;

3. wer zur Ausübung der Wissenschaft usw. öffentlich bestellt oder ermächtigt ist;

4. wer sich dazu vor Gericht bereit erklärt hat.

IV. Zur Vorbereitung eines Gutachtens über den Geisteszustand des Angeschuldigten kann das Gericht auf Antrag eines Sachverständigen nach Anhörung des Verteidigers anordnen, daß der Angeschuldigte in eine öffentliche Irrenanstalt gebracht und dort beobachtet werde, C 81.

Dem Angeschuldigten, welcher einen Verteidiger nicht hat, ist ein solcher zu bestellen.

Gegen den Beschluss findet sofortige Beschwerde mit aufschiebender Wirkung statt. Dies ist der einzige Fall, in welchem die Beschwerde aufschiebende Wirkung hat, C 81, Absatz 3.

Die Verwahrung in der Anstalt darf die Dauer von 6 Wochen nicht übersteigen.

§ 8. **Der richterliche Augenschein** ist in seinem Ergebnisse durch Protokoll festzustellen.

1. Die richterliche Leichenschau wird unter Zuziehung eines Arztes die Leichenöffnung im Beisein des Richters von 2 Ärzten, unter welchen sich ein Gerichtsarzt befinden muss, vorgenommen.

2. Die Leichenöffnung muss sich, soweit der Zustand der Leiche dies gestattet, stets auf die Öffnung der Kopf-, Brust- und Bauchhöhle erstrecken.

3. Bei Münzverbrechen und Münzvergehen sind die Münzen oder Papiere erforderlichenfalls derjenigen Behörde vorzulegen, von welcher echte Münzen oder Papiere dieser Art in Umlauf gesetzt werden.

4. Zur Ermittelung der Echtheit oder Unechtheit eines Schriftstückes sowie zur Ermittelung des Urhebers desselben kann eine Schriftvergleichung unter Zuziehung von Sachverständigen vorgenommen werden.

§ 9. **Beschlagnahme** ist die Wegnahme und amtliche Verwahrung von Gegenständen, welche als Beweismittel für die Untersuchung von Bedeutung sein können oder der Einziehung unterliegen (Überführungsstücke), C 94.

1. Wer ein Überführungsstück in seinem Gewahrsam hat, ist verpflichtet, es auf Erfordern vorzulegen und auszuliefern.

Er kann im Falle der Weigerung durch die gegen Zeugen bestimmten Zwangsmittel hierzu angehalten werden. Gegen Personen, welche zur Verweigerung des Zeugnisses berechtigt sind, finden diese Zwangsmittel keine Anwendung.

2. Die Anordnung von Beschlagnahmen steht dem Richter, bei Gefahr im Verzuge auch der Staatsanwaltschaft und denjenigen Polizei- und Sicherheitsbeamten zu, welche als Hilfsbeamte der Staatsanwaltschaft den Anordnungen derselben Folge zu leisten haben.

3. Briefsperre ist die Beschlagnahme der an den Beschuldigten gerichteten Briefe und Sendungen auf der Post sowie der an ihn gerichteten Telegramme auf den Telegraphenanstalten, C 99.

Zu der Beschlagnahme ist nur der Richter, bei Gefahr im Verzug, und wenn die Untersuchung nicht bloss eine Übertretung betrifft, auch die Staatsanwaltschaft befugt. Die letztere muss jedoch den ihr ausgelieferten Gegenstand sofort, und zwar Briefe und andere Postsendungen uneröffnet, dem Richter vorlegen.

§ 10. **Durchsuchung** der Wohnung und der Person und Sachen kann bei demjenigen, welcher als Täter oder Teilnehmer einer strafbaren Handlung oder als Begünstiger oder Hehler verdächtig ist, zum Zwecke seiner Ergreifung oder zur Auffindung von Beweismitteln erfolgen, C 102.

1. Bei anderen Personen sind Durchsuchungen nur zwecks Ergreifung des Beschuldigten oder Verfolgung von Spuren einer strafbaren Handlung oder Beschlagnahme bestimmter Gegenstände zulässig, und zwar nur dann, wenn Tatsachen vorliegen, aus denen zu schließen ist, daß die gesuchte Person, Spur oder Sache sich in den zu durchsuchenden Räumen befindet.

Diese Beschränkung findet keine Anwendung auf die Räume, in welchen der Beschuldigte ergriffen worden ist, oder welche er während der Verfolgung betreten hat, oder in welchen eine unter Polizeiaufsicht stehende Person wohnt oder sich aufhält.

Zur Nachtzeit dürfen die Wohnung, die Geschäftsräume und das befriedete Besitztum nur bei Verfolgung auf frischer Tat oder bei Gefahr im Verzug oder dann durchsucht werden, wenn es sich um Wiederergreifung eines entwichenen Gefangenen handelt.

Diese Beschränkung findet keine Anwendung auf Wohnungen von Personen, welche unter Polizeiaufsicht stehen, sowie auf Räume, welche zur Nachtzeit jedermann zugänglich oder welche der Polizei als Herbergen oder Versammlungsorte bestrafter Personen, als Niederlagen von Sachen, welche mittelst strafbarer Handlungen erlangt sind, oder als Schlupfwinkel des Glücksspiels oder gewerbsmässiger Unzucht bekannt sind.

2. Die Anordnung von Durchsuchungen steht dem Richter, bei Gefahr im Verzuge auch der Staatsanwaltschaft und denjenigen Polizei- und Sicherheitsbeamten zu, welche als Hilfsbeamte der Staatsanwaltschaft den Anordnungen derselben Folge zu leisten haben.

Eine Durchsicht der Papiere des von der Durchsuchung Betroffenen steht nur dem Richter zu.

§ 11. **Verhaftung** (Untersuchungshaft) kann gegen den Angeschuldigten nur dann verhängt werden, wenn dringende Verdachtsgründe gegen ihn vorhanden sind und entweder er der Flucht verdächtig ist oder (Kollusionsgefahr) Tatsachen vorliegen, aus denen zu schließen ist, daß er Spuren der Tat vernichten oder daß er Zeugen oder Mitschuldige zu einer falschen Aussage oder Zeugen dazu verleiten werde, sich der Zeugnispflicht zu entziehen, C 112.

Der Fluchtverdacht wird unwiderleglich präsumiert: 1. wenn ein Verbrechen den Gegenstand der Untersuchung bildet; — 2. wenn der Angeschuldigte ein Heimatloser oder Landstreicher oder nicht imstande ist, sich über seine Person auszuweisen; — 3. wenn der Angeschuldigte ein Ausländer ist und gegründeter Zweifel besteht, dass er sich auf Ladung vor Gericht stellen und dem Urteile Folge leisten werde.

I. Die Verhaftung erfolgt auf Grund eines schriftlichen Haftbefehles des Richters; hiergegen ist Beschwerde (Haftbeschwerde) zugelassen.

Der Verhaftete muss spätestens am Tage nach seiner Einlieferung in das Gefängnis durch einen Richter über den Gegenstand der Beschuldigung gehört werden.

1. Ein Angeschuldigter, dessen Verhaftung lediglich wegen des Verdachtes der Flucht angeordnet ist, kann gegen Sicherheitsleistung mit der Untersuchungshaft verschont werden. Dagegen ist dies bei Kollusionsgefahr nicht zugelassen.

Eine noch nicht verfallene Sicherheit wird frei, wenn der Angeschuldigte zur Haft gebracht oder wenn der Haftbefehl aufgehoben worden ist, oder wenn der Antritt der erkannten Freiheitsstrafe erfolgt; eine noch nicht frei gewordene Sicherheit verfällt der Staatskasse, wenn der Angeschuldigte sich der Untersuchung oder dem Antritt der erkannten Freiheitsstrafe entzieht.

2. Der Haftbefehl ist aufzuheben, wenn der darin angegebene Grund der Verhaftung weggefallen ist, oder wenn der Angeschuldigte freigesprochen oder außer Verfolgung gesetzt wird.

Durch Einlegung eines Rechtsmittels darf die Freilassung des Angeschuldigten nicht verzögert werden.

II. Wird jemand auf frischer Tat betroffen oder verfolgt, so ist, wenn er der Flucht verdächtig ist oder seine Persönlichkeit nicht sofort festgestellt werden kann, jedermann befugt, ihn auch ohne richterlichen Befehl vorläufig festzunehmen.

Die Staatsanwaltschaft und die Polizei- und Sicherheitsbeamten sind auch dann zur vorläufigen Festnahme befugt, wenn die Voraussetzungen eines Haftbefehles vorliegen und Gefahr im Verzuge obwaltet. — Der Festgenommene ist unverzüglich, sofern er nicht wieder in Freiheit gesetzt wird, dem Amtsrichter des Bezirkes, in welchem die Festnahme erfolgt ist, vorzuführen. Der Amtsrichter hat ihn spätestens am Tage nach der Vorführung zu vernehmen.

III. Auf Grund eines Haftbefehls können von dem Richter und von der Staatsanwaltschaft Steckbriefe erlassen werden, wenn der zu Verhaftende flüchtig ist oder sich verborgen hält.

Ohne vorgängigen Haftbefehl ist eine steckbriefliche Verfolgung nur dann statthaft, wenn ein Festgenommener aus dem Gefängnisse entweicht oder sonst sich der Bewachung entzieht. In diesem Falle sind auch die Polizeibehörden zur Erlassung des Steckbriefes befugt.

§ 12. **Die Stellung des Beschuldigten** bei den ersten Ermittelungen. I. Der Beschuldigte ist zur Vernehmung schriftlich zu laden; er kann dem Richter sofort vorgeführt werden, wenn Gründe vorliegen, welche die Erlassung eines Haftbefehles rechtfertigen würden.

Technische Bezeichnungen: 1. Angeschuldigter ist der Beschuldigte, gegen welchen die öffentliche Klage erhoben ist; — 2. Angeklagter ist der Beschuldigte oder Angeschuldigte, gegen welchen die Eröffnung des Hauptverfahrens beschlossen ist.

Bei Beginn der ersten Vernehmung ist dem Beschuldigten zu eröffnen, welche strafbare Handlung ihm zur Last gelegt wird. Der Beschuldigte ist zu befragen, ob er etwas auf die Beschuldigung erwidern wolle.

II. Der Beschuldigte (ev. sein gesetzlicher Vertreter) kann sich in jeder Lage des Verfahrens des Beistandes eines Verteidigers bedienen.

1. Zu Verteidigern können die bei einem deutschen Gerichte zugelassenen Rechtsanwälte sowie die Rechtslehrer an deutschen Hochschulen gewählt werden; andere Personen nur mit Genehmigung des Gerichtes.

2. Die Verteidigung ist notwendig in den Sachen, welche vor dem Reichsgerichte in erster Instanz oder vor dem Schwurgerichte zu verhandeln sind, C 140, — in erstinstanzlichen Landgerichtssachen dann, wenn der Angeschuldigte taub oder stumm ist oder das sechzehnte Lebensjahr noch nicht vollendet hat; ferner wenn ein Verbrechen (nicht, wenn es nur wegen Rückfalls ein Verbrechen ist) den Gegenstand der Untersuchung bildet und der Beschuldigte (oder sein gesetzlicher Vertreter) die Bestellung eines Verteidigers beantragt.

Der Verteidiger ist nach dem Schlusse der Voruntersuchung und, wenn eine solche nicht stattgefunden hat, nach Einreichung der Anklageschrift (ev. schon vorher) bei dem Gerichte zur Einsicht der dem Gerichte vorliegenden Akten befugt, C 147.

Dem verhafteten Beschuldigten ist schriftlicher und mündlicher Verkehr mit dem Verteidiger gestattet, C 148.

III. Der Ehemann einer Angeklagten (ebenso ein gesetzlicher Vertreter) ist in der Hauptverhandlung als Beistand zuzulassen und auf sein Verlangen zu hören.

2. Kapitel.

Das Verfahren in erster Instanz.

§ 13. Die öffentliche Klage wird von der Staatsanwaltschaft erhoben, C 152.

I. Anzeigen strafbarer Handlungen oder Anträge auf Strafverfolgung können bei der Staatsanwaltschaft, den Behörden und Beamten des Polizei- und Sicherheitsdienstes und den Amtsgerichten mündlich oder schriftlich angebracht werden. Die mündliche Anzeige ist zu beurkunden.

Bei strafbaren Handlungen, deren Verfolgung nur auf Antrag eintritt, muss der Antrag bei einem Gericht oder der Staatsanwaltschaft schriftlich oder zu Protokoll, bei einer anderen Behörde schriftlich angebracht werden.

1. In dem Ermittelungsverfahren hat die Staatsanwaltschaft den Sachverhalt zu erforschen und hierbei nicht bloß die zur Belastung, sondern auch die zur Entlastung dienenden Umstände zu ermitteln und für die Erhebung derjenigen Beweise Sorge zu tragen, deren Verlust zu besorgen ist, C 158, Abs. 2.

2. Die Staatsanwaltschaft ersucht ihre Hilfsorgane (Polizei- und Sicherheitsdienst) um Untersuchungshandlungen; — beim Amtsgerichte stellt sie ihre Anträge.

3. Der Amtsrichter hat das Recht des ersten Angriffes, wenn Gefahr im Verzuge obwaltet, C 163, und ferner, wenn der Beschuldigte bei seiner Vernehmung zu seiner Entlastung einzelne Beweiserhebungen beantragt, C 164.

4. Bieten die angestellten Ermittelungen genügenden Anlaß zur Erhebung der öffentlichen Klage, so erhebt sie die Staatsanwaltschaft entweder durch einen Antrag auf gerichtliche Voruntersuchung oder durch Einreichung einer Anklageschrift bei dem Gerichte, C 168.

II. Die Staatsanwaltschaft verfügt, wenn kein genügender Anlaß zur Erhebung der öffentlichen Klage vorhanden ist, die Einstellung des Verfahrens und setzt hiervon den Beschuldigten in Kenntnis, wenn er als solcher vom Richter vernommen oder ein Haftbefehl gegen ihn erlassen war.

Gibt die Staatsanwaltschaft einem bei ihr angebrachten Antrage auf Erhebung der öffentlichen Klage keine Folge, oder verfügt sie nach dem Abschlusse der Ermittelungen die Einstellung des Verfahrens, so hat sie den Antragsteller unter Angabe der Gründe zu bescheiden. — Ist der Antragsteller zugleich der Verletzte, so steht ihm gegen diesen Bescheid binnen zwei Wochen nach der Bekanntmachung die Beschwerde an den vorgesetzten Beamten der Staatsanwaltschaft und gegen dessen ablehnenden Bescheid binnen einem Monate nach der Bekanntmachung der Antrag auf gerichtliche Entscheidung zu. — Zur Entscheidung ist in den vor das Reichsgericht gehörigen Sachen das Reichsgericht, in anderen Sachen das Oberlandesgericht zuständig.

Das Gericht kann (auch gegen den Antrag der Staatsanwaltschaft) die Erhebung der öffentlichen Klage anordnen.

§ 14. **Die Voruntersuchung** findet in denjenigen Strafsachen statt, welche zur Zuständigkeit des Reichsgerichtes oder der Schwurgerichte gehören; in Landgerichtssachen nur dann, wenn die Staatsanwaltschaft sie beantragt, — wenn der Angeschuldigte sie zur besseren Vorbereitung seiner Verteidigung beantragt und erhebliche Gründe geltend macht, aus denen eine Voruntersuchung zur Vorbereitung seiner Verteidigung erforderlich erscheint.

In den zur Zuständigkeit der Schöffengerichte gehörigen Sachen ist, ausser dem Falle der Verbindung infolge eines Zusammenhanges, die Voruntersuchung unzulässig.

1. Die Voruntersuchung wird von dem Untersuchungsrichter (oder einem beauftragten Amtsrichter) eröffnet und geführt, C 182.

Die Voruntersuchung ist nicht weiter auszudehnen, als erforderlich ist, um eine Entscheidung darüber zu begründen, ob das Hauptverfahren zu eröffnen oder der Angeschuldigte ausser Verfolgung zu setzen sei, C 188.

2. Der Angeschuldigte ist in der Voruntersuchung zu vernehmen, auch wenn er schon vor deren Eröffnung vernommen worden ist. Ihm ist hierbei die Verfügung, durch welche die Voruntersuchung eröffnet worden war, bekanntzumachen.

3. Erachtet der Untersuchungsrichter den Zweck der Voruntersuchung für erreicht, so schließt er die Voruntersuchung und übersendet die Akten der Staatsanwaltschaft zur Stellung ihrer Anträge.

§ 15. **Die Eröffnung des Hauptverfahrens** steht dem Gericht zu.

I. Hat eine Voruntersuchung stattgefunden, so entscheidet das Gericht, ob das Hauptverfahren zu eröffnen oder der Angeschuldigte außer Verfolgung zu setzen oder das Verfahren vorläufig einzustellen sei.

II. Erhebt die Staatsanwaltschaft (ohne Voruntersuchung) die Anklage, so ist die Anklageschrift mit den Akten in Schöffensachen dem Amtsrichter, anderenfalls dem Landgerichte einzureichen.

Die Anklageschrift hat die dem Angeschuldigten zur Last gelegte Tat unter Hervorhebung ihrer gesetzlichen Merkmale und des anzuwendenden Strafgesetzes zu bezeichnen sowie die Beweismittel und das Gericht, vor welchem die Hauptverhandlung stattfinden soll, anzugeben. In den vor dem Reichsgerichte, den Schwurgerichten oder den Landgerichten zu verhandelnden Strafsachen sind ausserdem die wesentlichen Ergebnisse der stattgehabten Ermittelungen in die Anklageschrift aufzunehmen.

III. Das Gericht kann folgende Entscheidungen fällen:

1. Zur besseren Aufklärung der Sache kann das Gericht eine Ergänzung der Voruntersuchung oder, falls eine Voruntersuchung nicht stattgefunden hat, die Eröffnung einer solchen oder einzelne Beweiserhebungen anordnen. Die Anordnung einzelner Beweiserhebungen steht auch dem Amtsrichter zu, C 200.

2. Das Gericht beschließt die Eröffnung des Hauptverfahrens (Eröffnungsbeschluß), wenn nach den Ergebnissen der Voruntersuchung oder, falls eine solche nicht stattgefunden hat, nach den Ergebnissen des vor-

bereitenden Verfahrens der Angeschuldigte einer strafbaren Handlung hinreichend verdächtig erscheint.

Der Angeschuldigte hat gegen den Eröffnungsbeschluss keine Beschwerde.

3. Das Gericht kann beschließen, das Hauptverfahren nicht zu eröffnen. Aus dem Beschlusse muß hervorgehen, ob derselbe auf tatsächlichen oder auf Rechtsgründen beruht.

4. Vorläufige Einstellung des Verfahrens kann beschlossen werden, wenn dem weiteren Verfahren Abwesenheit des Angeschuldigten oder der Umstand entgegensteht, daß er nach der Tat in Geisteskrankheit verfallen ist, C 203.

Das Landgericht kann das Hauptverfahren vor den erkennenden Gerichten jeder Ordnung, nicht aber vor dem Reichsgericht eröffnen.

IV. In gewissen Fällen ist ein abgekürztes Verfahren möglich (ohne Anklageschrift).

1. Vor dem Schöffengerichte kann ohne schriftlich erhobene Anklage und ohne eine Entscheidung über die Eröffnung des Hauptverfahrens zur Hauptverhandlung geschritten werden, wenn der Beschuldigte entweder sich freiwillig stellt oder infolge einer vorläufigen Festnahme dem Gerichte vorgeführt oder nur wegen Übertretung verfolgt wird, C 211, Abs. 1. — 2. Der Amtsrichter kann in dem Falle der Vorführung des Beschuldigten mit Zustimmung der Staatsanwaltschaft ohne Zuziehung von Schöffen zur Hauptverhandlung schreiten, wenn der Beschuldigte nur wegen Übertretung verfolgt wird und die ihm zur Last gelegte Tat eingesteht, C 211, Abs. 2 (grüner Wagen).

V. Die Vorbereitung der Hauptverhandlung.

1. Der Termin zur Hauptverhandlung wird von dem Vorsitzenden des Gerichtes anberaumt. Die zur Hauptverhandlung erforderlichen Ladungen und die Herbeischaffung der als Beweismittel dienenden Gegenstände bewirkt die Staatsanwaltschaft.

Der Beschluss über die Eröffnung des Hauptverfahrens ist dem Angeklagten spätestens mit der Ladung zuzustellen; auch der Verteidiger ist zu laden.

Zwischen der Zustellung der Ladung und dem Tage der Hauptverhandlung muss eine Frist von mindestens einer Woche liegen, ev. kann der Angeklagte die Aussetzung der Verhandlung verlangen, solange mit der Verlesung des Beschlusses über die Eröffnung des Hauptverfahrens nicht begonnen ist.

2. Verlangt der Angeklagte die Ladung von Zeugen oder Sachverständigen oder die Herbeischaffung anderer Beweismittel zur Hauptverhandlung, so hat er unter Angabe der Tatsachen, über welche der Beweis erhoben werden soll, seine Anträge bei dem Vorsitzenden des Gerichtes zu stellen.

Lehnt der Vorsitzende den Antrag auf Ladung einer Person ab, so kann der Angeklagte die letztere unmittelbar laden lassen. Hierzu ist er auch ohne vorgängigen Antrag befugt, C 219. Eine unmittelbar geladene Person ist nur dann zum Erscheinen verpflichtet, wenn ihr bei der Ladung die gesetzliche Entschädigung für Reisekosten und Versäumnis bar dargeboten oder deren Hinterlegung bei dem Gerichtsschreiber nachgewiesen wird. Ergibt sich in der Hauptverhandlung, dass die Vernehmung einer unmittelbar geladenen Person zur Aufklärung der Sache dienlich war, so hat das Gericht auf Antrag anzuordnen, dass derselben die gesetzliche Entschädigung aus der Staatskasse zu gewähren sei.

3. Der Vorsitzende des Gerichtes kann auch von Amts wegen die Ladung von Zeugen und Sachverständigen sowie die Herbeischaffung anderer Beweismittel anordnen.

§ 16. **Die Hauptverhandlung** erfolgt in ununterbrochener Gegenwart der zur Urteilsfindung berufenen Personen sowie der Staatsanwaltschaft und eines Gerichtsschreibers, C 225.

Über Anträge auf Aussetzung einer Hauptverhandlung entscheidet das Gericht. Kürzere Unterbrechungen ordnet der Vorsitzende an. — Eine unterbrochene Hauptverhandlung muss spätestens am vierten Tage nach der Unterbrechung fortgesetzt werden, widrigenfalls mit dem Verfahren von neuem zu beginnen ist.

I. Gegen einen ausgebliebenen Angeklagten findet eine Hauptverhandlung nicht statt.

Der erschienene Angeklagte darf sich aus der Verhandlung nicht entfernen; tut er dies dennoch, so kann die Hauptverhandlung in seiner Abwesenheit zu Ende geführt werden, wenn seine Vernehmung über die Anklage schon erfolgt war und das Gericht seine fernere Anwesenheit nicht für erforderlich erachtet.

Beim Ausbleiben des Angeklagten kann zur Hauptverhandlung geschritten werden, wenn die den Gegenstand der Untersuchung bildende Tat nur mit Geldstrafe, Haft oder Einziehung, allein oder in Verbindung miteinander, bedroht ist, C 231 (ausdrücklicher Hinweis in der Ladung).

Der Angeklagte kann auf seinen Antrag, wegen grosser Entfernung seines Aufenthaltsortes, von der Verpflichtung zum Erscheinen in der Hauptverhandlung entbunden werden, wenn nach dem Ermessen des Gerichtes voraussichtlich keine andere Strafe als Freiheitsstrafe bis zu sechs Wochen oder Geldstrafe oder Einziehung, allein oder in Verbindung miteinander, zu erwarten ist, C 232 (Vertretung durch Verteidiger mit schriftlicher Vollmacht zulässig).

II. Die Leitung der Verhandlung, die Vernehmung des Angeklagten und die Aufnahme des Beweises erfolgt durch den Vorsitzenden.

III. Die Hauptverhandlung beginnt mit dem Aufrufe der Zeugen und Sachverständigen. Hieran schließt sich (in Abwesenheit der Zeugen) die Vernehmung des Angeklagten über seine persönlichen Verhältnisse und die Verlesung des Eröffnungsbeschlusses. Sodann erfolgt die Vernehmung des Angeklagten zur Sache. — Es folgt die Beweisaufnahme, einschließlich der Erhebung verspätet vorgebrachter Beweise.

Es bedarf eines Gerichtsbeschlusses, wenn ein Beweisantrag abgelehnt werden soll, oder wenn die Vornahme einer Beweishandlung eine Aussetzung der Hauptverhandlung erforderlich macht.

Die Beweisaufnahme ist auf die sämtlichen vorgeladenen Zeugen und Sachverständigen sowie auf die anderen herbeigeschafften Beweismittel zu erstrecken. Von der Erhebung einzelner Beweise kann jedoch abgesehen werden, wenn die Staatsanwaltschaft und der Angeklagte hiermit einverstanden sind. — In den Verhandlungen vor den Schöffengerichten und vor den Landgerichten in der Berufungsinstanz, sofern die Verhandlung vor letzteren eine Übertretung betrifft oder auf erhobene Privatklage erfolgt, bestimmt das Gericht den Umfang der Beweisaufnahme, ohne hierbei durch Anträge, Verzichte oder frühere Beschlüsse gebunden zu sein, C 244, Abs. 2.

1. Urkunden und andere als Beweismittel dienende Schriftstücke werden in der Hauptverhandlung verlesen, z. B. früher ergangene Strafurteile, Straflisten und Auszüge aus Kirchenbüchern und Personenstandsregistern, Protokolle über die Einnahme des richterlichen Augenscheines.

2. Die Vernehmung eines Zeugen darf nicht durch Verlesung eines früheren Protokolles oder einer schriftlichen Erklärung ersetzt werden. — Ist ein Zeuge, Sachverständiger oder Mitbeschuldigter verstorben oder in Geisteskrankheit verfallen, oder ist sein Aufenthalt nicht zu ermitteln gewesen, so kann das Protokoll über seine frühere richterliche Vernehmung verlesen werden. Dasselbe gilt von dem bereits verurteilten Mitschuldigen.

3. In den Fällen einer Vernehmung ausserhalb der Hauptverhandlung durch ersuchten oder beauftragten Richter ist die Verlesung des Protokolls über die frühere Vernehmung statthaft, wenn letztere nach Eröffnung des Hauptverfahrens oder aus besonderen gesetzlichen Gründen erfolgt ist.

4. Die Aussage eines vor der Hauptverhandlung vernommenen Zeugen, welcher erst in der Hauptverhandlung von seinem Rechte, das Zeugnis zu verweigern, Gebrauch macht, darf nicht verlesen werden.

5. Erklärt ein Zeuge oder Sachverständiger, dass er sich einer Tatsache nicht mehr erinnert, so kann der hierauf bezügliche Teil des Protokolles über seine frühere Vernehmung zur Unterstützung seines Gedächtnisses verlesen werden; dasselbe kann geschehen, wenn ein in der Vernehmung hervortretender Widerspruch mit der früheren Aussage nicht auf andere Weise ohne Unterbrechung der Hauptverhandlung festgestellt oder gehoben werden kann.

6. Erklärungen des Angeklagten, welche in einem richterlichen Protokolle enthalten sind, können zum Zwecke der Beweisaufnahme über ein Geständnis verlesen werden.

7. Die ein Zeugnis oder ein Gutachten enthaltenden Erklärungen öffentlicher Behörden, mit Ausschluss von Leumundszeugnissen, desgleichen ärztliche Atteste über Körperverletzungen, welche nicht zu den schweren gehören, können verlesen werden.

IV. Nach der Vernehmung eines jeden Zeugen, Sachverständigen oder Mitangeklagten sowie nach der Verlesung eines jeden Schriftstückes soll der Angeklagte befragt werden, ob er etwas zu erklären habe, C 256.

V. Nach dem Schlusse der Beweisaufnahme erhalten die Staatsanwaltschaft und sodann der Angeklagte zu ihren Ausführungen und Anträgen das Wort; dem Angeklagten gebührt das letzte Wort.

Der Angeklagte ist, auch wenn ein Verteidiger für ihn gesprochen hat, zu befragen, ob er selbst noch etwas zu seiner Verteidigung anzuführen habe.

VI. Die Hauptverhandlung schließt mit der Erlassung des Urteils. Das Urteil kann nur auf Freisprechung, Verurteilung oder Einstellung des Verfahrens lauten, C 259.

Die Einstellung des Verfahrens ist auszusprechen, wenn bei einer nur auf Antrag zu verfolgenden strafbaren Handlung sich ergibt, dass der erforderliche Antrag nicht vorliegt, oder wenn der Antrag rechtzeitig zurückgenommen ist.

1. Zu einer jeden dem Angeklagten nachteiligen Entscheidung, welche die Schuldfrage betrifft, ist eine Mehrheit von zwei Dritteilen der Stimmen erforderlich.

2. Gegenstand der Urteilsfindung ist die in der Anklage bezeichnete Tat, wie sie sich nach dem Ergebnisse der Verhandlung darstellt, C 263.

3. Die Verkündung des Urteils erfolgt durch Verlesung der Urteilsformel und Eröffnung der Urteilsgründe am Schlusse der Verhandlung oder spätestens mit Ablauf einer Woche nach dem Schlusse der Verhandlung.

4. Das Urteil mit den Gründen ist binnen drei Tagen nach der Verkündung zu den Akten zu bringen, falls es nicht bereits vollständig in das Protokoll aufgenommen worden ist.

§ 17. **Das Schwurgericht** wird in der Weise gebildet, daß die auf der Spruchliste stehenden Geschworenen (mindestens noch 24) ausgelost werden.

I. Die Bildung der Geschworenenbank erfolgt in öffentlicher Sitzung. Das Los wird von dem Vorsitzenden gezogen.

Von den ausgelosten Geschworenen können so viele abgelehnt werden, als Namen über zwölf in der Urne sich befinden. Die eine Hälfte der Ablehnungen steht der Staatsanwaltschaft, die andere dem Angeklagten zu. Dem Angeklagten gebührt eine Ablehnung mehr, wenn die Gesamtzahl der Ablehnungen ungerade ist. Sobald ein Name gezogen und aufgerufen ist, hat die Staatsanwaltschaft und sodann der Angeklagte durch die Worte „angenommen“ oder „abgelehnt“ die Annahme oder Ablehnung zu erklären. Die Angabe von Gründen ist unzulässig.

1. Sind bei einer Hauptverhandlung mehrere Angeklagte beteiligt, so haben sie das Ablehnungsrecht gemeinschaftlich auszuüben. — Insoweit eine Vereinigung nicht zustande kommt, werden die Ablehnungen gleichmäßig verteilt; über die Ausübung derjenigen Ablehnungen, welche sich nicht gleichmäßig verteilen lassen, sowie über die Reihenfolge der Erklärungen entscheidet das Los.

2. Stehen an demselben Tage mehrere Verhandlungen an, so verbleibt die für eine derselben gebildete Geschworenenbank für die folgende Verhandlung oder für mehrere folgende Verhandlungen, wenn die dabei beteiligten Angeklagten und die Staatsanwaltschaft sich damit vor der Beeidigung der Geschworenen einverstanden erklärt haben.

3. Nach Bildung der Geschworenenbank werden die Geschworenen in Gegenwart der Angeklagten, über welche sie richten sollen, beeidigt.

II. Die den Geschworenen zur Beantwortung vorzulegenden Fragen werden von dem Vorsitzenden entworfen.

1. Nach dem Schlusse der Beweisaufnahme werden die entworfenen Fragen verlesen. Der Vorsitzende kann sie den Geschworenen, der Staatsanwaltschaft und dem Angeklagten in Abschrift mitteilen.

Die Staatsanwaltschaft und der Angeklagte sowie jeder Geschworene ist befugt, auf Mängel in der Fragestellung aufmerksam zu machen sowie auf Abänderung und Ergänzung der Fragen anzutragen.

2. Die Fragen sind so zu stellen, daß sie mit ja oder nein sich beantworten lassen.

Es gibt drei Arten von Fragen: a) die Hauptfrage beginnt mit den Worten: „Ist der Angeklagte schuldig?“ Sie muss die dem Angeklagten zur Last gelegte Tat nach ihren gesetzlichen Merkmalen und unter Hervorhebung der zu ihrer Unterscheidung erforderlichen Umstände bezeichnen; — b) hat die Verhandlung Umstände ergeben, nach welchen eine von dem Beschlusse über die Eröffnung des Hauptverfahrens abweichende Beurteilung der dem Angeklagten zur Last gelegten Tat in Betracht kommt, so ist eine hierauf gerichtete Frage zu stellen (Hilfsfrage); — c) über solche vom Strafgesetze besonders vorgesehene Umstände, welche die Strafbarkeit vermindern oder erhöhen, sind geeignetenfalls den Geschworenen besondere Fragen vorzulegen (Nebenfragen). — Die Haupt- und Hilfsfragen rangieren nach der Höhe der Strafbarkeit.

3. Zur Bejahung der Schuldfrage sind mehr als sieben Stimmen erforderlich.

4. An die Fragestellung schließen sich die Ausführungen und Anträge der Staatsanwaltschaft und des Angeklagten zur Schuldfrage.

5. Der Vorsitzende belehrt, ohne in eine Würdigung der Beweise einzugehen, die Geschworenen über die rechtlichen Gesichtspunkte, welche sie bei Lösung der ihnen gestellten Aufgabe in Betracht zu ziehen haben.

6. Die Fragen werden vom Vorsitzenden unterzeichnet und den Geschworenen übergeben. Die Geschworenen ziehen sich in das Beratungszimmer zurück. Der Angeklagte wird aus dem Sitzungszimmer entfernt. — Zwischen den im Beratungszimmer versammelten Geschworenen und anderen Personen darf keinerlei Verkehr stattfinden. Der Vorsitzende sorgt dafür, daß ohne seine Erlaubnis kein Geschworener das Beratungszimmer verlasse und keine dritte Person in dasselbe eintrete.

Die Geschworenen wählen ihren Obmann mittelst schriftlicher Abstimmung nach Mehrheit der Stimmen. Bei Stimmengleichheit entscheidet das höhere Lebensalter. Der Obmann leitet die Beratung und Abstimmung. — Die Geschworenen haben die ihnen vorgelegten Fragen mit ja oder mit nein zu beantworten. Sie sind berechtigt, eine Frage teilweise zu bejahen und teilweise zu verneinen. — Der Spruch ist von dem Obmann neben den Fragen niederzuschreiben und von ihm zu unterzeichnen. — Bei jeder dem Angeklagten nachteiligen Entscheidung ist anzugeben, dass dieselbe mit mehr als sieben Stimmen, bei Verneinung der mildernden Umstände, dass dieselbe mit mehr als sechs Stimmen gefasst worden ist. Im übrigen darf das Stimmenverhältnis nicht ausgedrückt werden.

7. Der Spruch ist im Sitzungszimmer von dem Obmann kundzugeben. Der Obmann spricht die Worte: „Auf Ehre und Gewissen bezeuge ich als den Spruch der Geschworenen" und verliest die gestellten Fragen mit den darauf abgegebenen Antworten.

Der verlesene Spruch ist von dem Vorsitzenden und dem Gerichtsschreiber zu unterzeichnen.

III. Der Spruch der Geschworenen wird dem Angeklagten, nachdem er in das Sitzungszimmer wieder eingetreten ist, durch Verlesung verkündet.

1. Ist der Angeklagte von den Geschworenen für nicht schuldig erklärt worden, so spricht das Gericht ihn frei.

2. Anderenfalls müssen, bevor das Urteil erlassen wird, die Staatsanwaltschaft und der Angeklagte mit ihren Ausführungen und Anträgen gehört werden.

IV. Die Verkündung des Urteils erfolgt am Schlusse der Verhandlung.

V. Ist das Gericht einstimmig der Ansicht, daß die Geschworenen sich in der Hauptsache zum Nachteile des Angeklagten geirrt haben, so verweist es durch Beschluß ohne Begründung seiner Ansicht die Sache zur neuen (endgültigen) Verhandlung vor das Schwurgericht der nächsten Sitzungsperiode. Die Verweisung ist nur von Amts wegen und bis zur Verkündung des Urteils zulässig, C 317.

§ 18. **Das Verfahren gegen Abwesende** (d. h. gegen Personen, deren Aufenthalt unbekannt ist, oder die sich im Auslande aufhalten und deren Gestellung vor das zuständige Gericht nicht ausführbar oder nicht angemessen erscheint) kann nur dann stattfinden, wenn die den Gegenstand der Untersuchung bildende Tat nur mit Geldstrafe oder Einziehung, allein oder in Verbindung miteinander, bedroht ist.

In der Hauptverhandlung kann für den Angeklagten ein Verteidiger auftreten. Auch Angehörige sind, ohne dass sie einer Vollmacht bedürfen, als Vertreter zuzulassen.

Insoweit es nach dem Ermessen des Richters zur Deckung der den Angeschuldigten möglicherweise treffenden höchsten Geldstrafe und der Kosten des Verfahrens erforderlich ist, können auch einzelne zum Vermögen des Angeschuldigten gehörige Gegenstände mit Beschlag belegt werden. — Konfiskation (d. h. Beschlagnahme des gesamten Vermögens) ist unzulässig.

3. Kapitel.

Die Rechtsmittel.

§ 19. **Die Beschwerde.** I. Es bestehen drei Rechtsmittel, die Berufung, die Revision, die Beschwerde.

II. Die Beschwerde ist gegen alle von den Gerichten in erster Instanz oder in der Berufungsinstanz erlassenen Beschlüsse und gegen die Verfügungen des Vorsitzenden, des Untersuchungsrichters, des Amtsrichters und eines beauftragten oder ersuchten Richters zulässig, soweit das Gesetz dieselben nicht ausdrücklich einer Anfechtung entzieht.

Entscheidungen der erkennenden Gerichte, welche der Urteilsfällung vorausgehen, unterliegen nicht der Beschwerde. Ausgenommen sind Entscheidungen über Verhaftungen, Beschlagnahmen oder Straffestsetzungen sowie alle Entscheidungen, durch welche dritte Personen betroffen werden.

Die Beschwerde wird bei demjenigen Gerichte, von welchem oder von dessen Vorsitzenden die angefochtene Entscheidung erlassen ist, zu Protokoll des Gerichtsschreibers oder schriftlich eingelegt. Sie kann in dringenden Fällen auch bei dem Beschwerdegerichte eingelegt werden.

Beschlüsse, welche von dem Landgerichte in der Beschwerdeinstanz erlassen sind, können, insofern sie Verhaftungen betreffen, durch weitere Beschwerde angefochten werden. Im übrigen findet eine weitere Anfechtung der in der Beschwerdeinstanz ergangenen Entscheidungen nicht statt.

III. Die sofortige Beschwerde ist binnen der Frist von einer Woche (seit Bekanntmachung der Entscheidung) einzulegen.

§ 20. Die Berufung findet gegen die Urteile der Schöffengerichte statt; sie muß bei dem Gerichte erster Instanz binnen einer Woche nach Verkündigung des Urteils zu Protokoll des Gerichtsschreibers oder schriftlich eingelegt werden; eine Begründung ist nicht obligatorisch.

1. Durch rechtzeitige Einlegung der Berufung wird die Rechtskraft des Urteiles, soweit es angefochten ist, gehemmt.

2. Nachdem die Hauptverhandlung mit der Vernehmung des Angeklagten zur Person begonnen hat, hält ein Berichterstatter in Abwesenheit der Zeugen einen Vortrag über die Ergebnisse des bisherigen Verfahrens. Das Urteil erster Instanz ist stets zu verlesen. Sodann erfolgt die Vernehmung des Angeklagten und die Beweisaufnahme, bei welcher neue Beweismittel zulässig sind.

3. Der Prüfung des Gerichtes unterliegt das Urteil nur, soweit dasselbe angefochten ist.

4. War das Urteil nur von dem Angeklagten oder zu seinen Gunsten von der Staatsanwaltschaft angefochten worden, so darf das Urteil nicht zum Nachteile des Angeklagten abgeändert werden (also keine reformatio in peius).

§ 21. Die Revision findet statt gegen die Urteile der Landgerichte und der Schwurgerichte.

1. Der Beurteilung des Revisionsgerichtes unterliegen auch diejenigen Entscheidungen, welche dem Urteile vorausgegangen sind, sofern es auf ihnen beruht.

2. Die Revision kann nur darauf gestützt werden, daß das Urteil auf einer Verletzung des Gesetzes beruhe.

Das Gesetz ist verletzt, wenn eine Rechtsnorm nicht oder nicht richtig angewendet worden ist.

Ein Urteil ist stets als auf einer Verletzung des Gesetzes beruhend anzusehen:

1. wenn das erkennende Gericht oder die Geschworenenbank nicht vorschriftsmässig besetzt war;

2. wenn bei dem Urteile ein Richter, Geschworener oder Schöffe mitgewirkt hat, welcher von der Ausübung des Richteramtes kraft Gesetzes ausgeschlossen war;

3. wenn bei dem Urteile ein Richter oder Schöffe mitgewirkt hat, nachdem derselbe wegen Besorgnis der Befangenheit abgelehnt war und das Ablehnungsgesuch entweder für begründet erklärt war oder mit Unrecht verworfen worden ist;

4. wenn das Gericht seine Zuständigkeit mit Unrecht angenommen hat;

5. wenn die Hauptverhandlung in Abwesenheit der Staatsanwaltschaft oder einer Person, deren Anwesenheit das Gesetz vorschreibt, stattgefunden hat;

6. wenn das Urteil auf Grund einer mündlichen Verhandlung ergangen ist, bei welcher die Vorschriften über die Öffentlichkeit des Verfahrens verletzt sind;

7. wenn das Urteil keine Entscheidungsgründe enthält;

8. wenn die Verteidigung in einem für die Entscheidung wesentlichen Punkte durch einen Beschluss des Gerichtes unzulässig beschränkt worden ist.

3. Die Revision muß bei dem Gerichte, dessen Urteil angefochten wird, binnen einer Woche nach Verkündung des Urteiles zu Protokoll des Gerichtsschreibers oder schriftlich eingelegt werden.

Durch rechtzeitige Einlegung der Revision wird die Rechtskraft des Urteiles, soweit dasselbe angefochten ist, gehemmt.

4. Der Beschwerdeführer hat die Erklärung abzugeben, inwieweit er das Urteil anfechte und dessen Aufhebung beantrage (Revisionsanträge), und die Anträge zu begründen.

Die Revisionsanträge und deren Begründung (Anwaltszwang) sind spätestens binnen einer weiteren Woche nach Ablauf der Frist zur Einlegung des Rechtsmittels oder, wenn zu dieser Zeit das Urteil noch nicht zugestellt war, nach dessen Zustellung bei dem Gerichte, dessen Urteil angefochten wird, anzubringen.

4. Ist die Revision verspätet eingelegt, oder sind die Revisionsanträge nicht rechtzeitig oder nicht in der vorgeschriebenen Form angebracht worden, so hat das Gericht, dessen Urteil angefochten wird, das Rechtsmittel durch Beschluß als unzulässig zu verwerfen.

5. Erachtet das Revisionsgericht die Bestimmungen über die Einlegung der Revision oder diejenigen über die Anbringung der Revisionsanträge nicht für beobachtet, so kann es das Rechtsmittel durch Beschluß als unzulässig verwerfen. Anderenfalls entscheidet es durch Urteil.

6. Die Hauptverhandlung beginnt mit dem Vortrage eines Berichterstatters. Hierauf werden die Staatsanwaltschaft sowie der Angeklagte und sein Verteidiger mit ihren Ausführungen und Anträgen, und zwar der Beschwerdeführer zuerst, gehört. Dem Angeklagten gebührt das letzte Wort. — Der Prüfung des Revisionsgerichtes unterliegen nur die gestellten Revisionsanträge und, insoweit die Revision auf Mängel des Verfahrens gestützt wird, nur diejenigen Tatsachen, welche bei Anbringung der Revisionsanträge bezeichnet worden sind.

Insoweit die Revision für begründet erachtet wird, ist das angefochtene Urteil aufzuheben, C 393.

Das Gericht, an welches die Sache zur anderweiten Verhandlung und Entscheidung verwiesen ist, hat die rechtliche Beurteilung, welche der Aufhebung des Urteiles zugrunde gelegt ist, auch seiner Entscheidung zugrunde zu legen.

§ 22. **Die Wiederaufnahme des Verfahrens** nach Erlassung eines rechtskräftigen Urteils zugunsten oder zuungunsten des Angeklagten findet statt:

Zugunsten des Verurteilten:

1. wenn eine in der Hauptverhandlung zu seinen Ungunsten als echt vorgebrachte Urkunde fälschlich angefertigt oder verfälscht war; — 2. wenn durch Beeidigung eines zu seinen Ungunsten abgelegten Zeugnisses oder abgegebenen Gutachtens der Zeuge oder Sachverständige sich einer vorsätzlichen oder fahrlässigen Verletzug der Eidespflicht schuldig gemacht hat; — 3. wenn bei dem Urteil ein Richter, Geschworener oder Schöffe mitgewirkt hat, welcher sich in Beziehung auf die Sache einer Verletzung seiner Amtspflichten schuldig gemacht hat, sofern diese Verletzung mit einer im Wege des gerichtlichen Strafverfahrens zu verhängenden öffentlichen Strafe bedroht und nicht vom Verurteilten selbst ver-

anlasst ist; — 4. wenn ein zivilgerichtliches Urteil, auf welches das Strafurteil gegründet ist, durch ein anderes rechtskräftig gewordenes Urteil aufgehoben ist; — 5. wenn neue Tatsachen oder Beweismittel beigebracht sind, welche allein oder in Verbindung mit den früher erhobenen Beweisen die Freisprechung des Angeklagten oder in Anwendung eines milderen Strafgesetzes eine geringere Bestrafung zu begründen geeignet sind. In den vor den Schöffengerichten verhandelten Sachen können nur solche Tatsachen oder Beweismittel beigebracht werden, welche der Verurteilte in dem früheren Verfahren einschliesslich der Berufungsinstanz nicht gekannt hatte oder ohne Verschulden nicht geltend machen konnte.

Zuungunsten des Angeklagten:

1. wenn eine in der Hauptverhandlung zu seinen Gunsten als echt vorgebrachte Urkunde fälschlich angefertigt oder verfälscht war; — 2. wenn durch Beeidigung eines zu seinen Gunsten abgelegten Zeugnisses oder abgegebenen Gutachtens der Zeuge oder Sachverständige sich einer vorsätzlichen oder fahrlässigen Verletzung der Eidespflicht schuldig gemacht hat; — 3. wenn bei dem Urteil ein Richter, Geschworener oder Schöffe mitgewirkt hat, welcher sich in Beziehung auf die Sache einer Verletzung seiner Amtspflichten schuldig gemacht hat, sofern diese Verletzung mit einer im Wege des gerichtlichen Strafverfahrens zu verhängenden öffentlichen Strafe bedroht ist; — 4. wenn von dem Freigesprochenen vor Gericht oder aussergerichtlich ein glaubwürdiges Geständnis der strafbaren Handlung abgelegt wird.

4. Kapitel.

Das Eingreifen des Verletzten in den Prozeß.

§ 23. **Die Privatklage** ist ein Mittel der selbständigen Durchführung der Strafklage durch den Verletzten, ohne daß es einer vorgängigen Anrufung der Staatsanwaltschaft bedarf; sie ist nur in vier Fällen (Privatklagedelikte, Band 15) zulässig.

Die öffentliche Klage wird von der Staatsanwaltschaft nur dann erhoben, wenn dies im öffentlichen Interesse liegt; sie kann jedoch jederzeit das Verfahren übernehmen.

Wegen Beleidigungen ist die Erhebung der Klage erst zulässig, nachdem von einer durch die Landesjustizverwaltung zu bezeichnenden Vergleichsbehörde (in Preussen: Schiedsmann) die Sühne erfolglos versucht worden ist. Der Kläger hat die Bescheinigung hierüber mit der Klage einzureichen.

Diese Bestimmung findet keine Anwendung, wenn die Parteien nicht in demselben Gemeindebezirke wohnen.

I. Die Erhebung der Klage geschieht zu Protokoll des Gerichtsschreibers oder durch Einreichung einer Anklageschrift.

Mit der Anklageschrift sind zwei Abschriften derselben einzureichen.

Ist die Klage vorschriftsmässig erhoben, so teilt das Gericht dieselbe dem Beschuldigten unter Bestimmung einer Frist zur Erklärung und der Staatsanwaltschaft zur Kenntnisnahme mit.

Nach Eingang der Erklärung des Beschuldigten oder Ablauf der Frist entscheidet das Gericht darüber, ob das Hauptverfahren zu eröffnen oder die Klage zurückzuweisen sei, nach Massgabe der Bestimmungen, welche bei einer von der Staatsanwaltschaft unmittelbar erhobenen Anklage Anwendung finden.

II. Der Vorsitzende des Gerichts bestimmt, welche Personen als Zeugen oder Sachverständige zur Hauptverhandlung geladen werden sollen. Dem Privatkläger wie dem Angeklagten steht das Recht der unmittelbaren Ladung zu.

III. In der Hauptverhandlung kann auch der Angeklagte im Beistande eines Rechtsanwaltes erscheinen oder sich auf Grund einer schriftlichen Vollmacht durch einen solchen vertreten lassen.

Das Gericht ist befugt, das persönliche Erscheinen des Klägers sowie des Angeklagten anzuordnen, auch den Angeklagten vorführen zu lassen.

Bei wechselseitigen Beleidigungen oder Körperverletzungen kann der Beschuldigte bis zur Beendigung der Schlussvorträge in erster Instanz mittels einer Widerklage die Bestrafung des Klägers beantragen. Über Klage und Widerklage ist gleichzeitig zu erkennen.

Die Zurücknahme der Klage ist auf das Verfahren über die Widerklage ohne Einfluss. Die Privatklage kann bis zur Verkündung des Urteiles erster Instanz und, soweit zulässige Berufung eingelegt ist, bis zur Verkündung des Urteiles zweiter Instanz zurückgenommen werden, C 431. Die zurückgenommene Privatklage kann nicht von neuem erhoben werden.

Der Tod des Privatklägers hat die Einstellung des Verfahrens zur Folge. War jedoch die Privatklage darauf gestützt, dass der Beschuldigte wider besseres Wissen in Beziehung auf den anderen eine unwahre Tatsache behauptet oder verbreitet habe, welche denselben verächtlich zu machen oder in der öffentlichen Meinung herabzuwürdigen geeignet ist, so kann die Klage nach dem Tode des Klägers von den Eltern, den Kindern oder dem Ehegatten des letzteren fortgesetzt werden.

Die Fortsetzung ist von dem Berechtigten bei Verlust des Rechtes binnen zwei Monaten, vom Tode des Privatklägers an gerechnet, bei Gericht zu erklären.

§ 24. **Die Nebenklage.** Als Nebenkläger kann neben dem Staatsanwalt auftreten:

1. wer als Privatkläger aufzutreten berechtigt ist,
2. wer durch einen Antrag auf gerichtliche Entscheidung die Erhebung der öffentlichen Klage herbeigeführt hat, wenn die strafbare Handlung gegen sein Leben, seine Gesundheit, seine Freiheit, seinen Personenstand oder seine Vermögensrechte gerichtet war,
3. wer Anspruch auf Buße hat,
4. die Verwaltungsbehörde bei Verfolgung ihrer Strafbescheide durch die Staatsanwaltschaft.

Die Anschlusserklärung ist bei dem Gerichte schriftlich einzureichen; dieses hat über die Berechtigung des Nebenklägers zum Anschlusse nach Anhörung der Staatsanwaltschaft zu entscheiden.

Der Nebenkläger hat nach erfolgtem Anschlusse die Rechte des Privatklägers.

5. Kapitel.

Besondere Verfahrensarten.

§ 25. **Der amtsrichterliche Strafbefehl** kann in den zur Zuständigkeit der Schöffengerichte gehörigen Sachen ohne vorgängige Verhandlung erlassen werden, wenn die Staatsanwaltschaft schriftlich hierauf anträgt.

Durch einen Strafbefehl darf jedoch keine andere Strafe als Geldstrafe von höchstens einhundertfünfzig Mark oder Freiheitsstrafe von höchstens sechs Wochen sowie etwa eine verwirkte Einziehung festgesetzt werden. — Die Überweisung des Beschuldigten an die Landespolizeibehörde darf in einem Strafbefehle nicht ausgesprochen werden.

Ein Strafbefehl, gegen welchen nicht rechtzeitig Einspruch erhoben worden ist, erlangt die Wirkung eines rechtskräftigen Urteiles. Bei rechtzeitigem Einspruche wird zur Hauptverhandlung vor dem Schöffengerichte geschritten, sofern nicht bis zum Beginn derselben die Staatsanwaltschaft die Klage fallen lässt oder der Einspruch zurückgenommen wird. Bleibt der Angeklagte ohne genügende Entschuldigung in der Hauptverhandlung aus, und wird er auch nicht durch einen Verteidiger vertreten, so wird der Einspruch ohne Beweisaufnahme durch Urteil verworfen.

§ 26. Die polizeiliche Strafverfügung kann nur wegen Übertretungen erlassen werden.

1. Die Polizeibehörde kann keine andere Strafe als Haft bis zu 14 Tagen oder Geldstrafe und diejenige Haft, welche für den Fall, dass die Geldstrafe nicht beigetrieben werden kann, an die Stelle der letzteren tritt, sowie eine etwa verwirkte Einziehung verhängen.

2. Die Strafverfügung muss ausser der Festsetzung der Strafe die strafbare Handlung, das angewendete Strafgesetz und die Beweismittel bezeichnen, auch die Mitteilung enthalten, dass der Beschuldigte, sofern er nicht eine nach den Gesetzen zugelassene Beschwerde an die höhere Polizeibehörde ergreife, gegen die Strafverfügung binnen einer Woche nach der Bekanntmachung bei der Polizeibehörde, welche diese Verfügung erlassen hat, oder bei dem zuständigen Amtsgericht auf gerichtliche Entscheidung antragen könne. — Die Strafverfügung wirkt in betreff der Unterbrechung der Verjährung wie eine richterliche Handlung.

3. Der Antrag auf gerichtliche Entscheidung kann bei der Polizeibehörde schriftlich oder mündlich, bei dem Amtsgerichte schriftlich oder zu Protokoll des Gerichtsschreibers angebracht werden. Ist der Antrag rechtzeitig angebracht, so wird zur Hauptverhandlung vor dem Schöffengerichte geschritten, ohne dass es der Einreichung einer Anklageschrift oder einer Entscheidung über die Eröffnung des Hauptverfahrens bedarf. Bis zum Beginne der Hauptverhandlung kann der Antrag zurückgenommen werden. — Das Verfahren vor dem Schöffengerichte ist dasselbe wie im Falle einer von der Staatsanwaltschaft erhobenen und zur Hauptverhandlung verwiesenen Anklage. Bleibt der Angeklagte aus, so entscheidet das Gericht auch ohne ihn, wenn in die Ladung der entsprechende Vermerk aufgenommen war. Bei der Urteilsfällung ist das Gericht an den Ausspruch der Polizeibehörde nicht gebunden. — Stellt sich nach dem Ergebnisse der Hauptverhandlung die Tat des Angeklagten als eine solche dar, bei welcher die Polizeibehörde zum Erlass einer Strafverfügung nicht befugt war, so hat das Gericht die letztere durch Urteil aufzuheben, ohne in der Sache selbst zu entscheiden.

§ 27. Die Einziehung wird, sofern die Entscheidung nicht in Verbindung mit einem Urteile in der Hauptsache erfolgt, seitens der Staatsanwaltschaft oder des Privatklägers bei demjenigen Gerichte beantragt, welches für den Fall der Verfolgung einer bestimmten Person zuständig sein würde.

Die Verhandlung und Entscheidung erfolgt in einem Termine, auf welchen die Bestimmungen über die Hauptverhandlung entprechende Anwendung finden.

Personen, welche einen rechtlichen Anspruch auf den Gegenstand der Einziehung, Vernichtung oder Unbrauchbarmachung haben, sind, soweit dies ausführbar erscheint, zu dem Termine zu laden.

6. Kapitel.

Die Strafvollstreckung.

§ 28. **Der Strafvollzug** darf erst dann stattfinden, wenn das Strafurteil rechtskräftig geworden ist.

1. Die Strafvollstreckung erfolgt durch die Staatsanwaltschaft auf Grund einer von dem Gerichtsschreiber zu erteilenden, mit der Bescheinigung der Vollstreckbarkeit versehenen, beglaubigten Abschrift der Urteilsformel.

Den Amtsanwälten steht die Strafvollstreckung nicht zu. — Für die zur Zuständigkeit der Schöffengerichte gehörigen Sachen kann durch Anordnung der Landesjustizverwaltung (so in Preußen) die Strafvollstreckung den Amtsrichtern übertragen werden.

2. Die Vollstreckung der Freiheitsstrafe ist aufzuschieben, wenn der Verurteilte in Geisteskrankheit verfällt; dasselbe gilt bei anderen Krankheiten, wenn von der Vollstreckung eine nahe Lebensgefahr für den Verurteilten zu besorgen steht.

Die Strafvollstreckung kann auch dann aufgeschoben werden, wenn sich der Verurteilte in einem körperlichen Zustande befindet, bei welchem eine sofortige Vollstreckung mit der Einrichtung der Strafanstalt unverträglich ist, C 487, Abs. 3.

Auf Antrag des Verurteilten kann die Vollstreckung aufgeschoben werden, sofern durch die sofortige Vollstreckung dem Verurteilten oder der Familie desselben erhebliche, ausserhalb des Strafzweckes liegende Nachteile erwachsen.

Der Strafaufschub darf den Zeitraum von vier Monaten nicht übersteigen. Die Bewilligung kann an eine Sicherheitsleistung oder andere Bedingungen geknüpft werden, C 488.

3. Wenn über die Auslegung eines Strafurteiles oder über die Berechnung der erkannten Strafe Zweifel entstehen, oder wenn Einwendungen gegen die Zulässigkeit der Strafvollstreckung erhoben werden, so ist die Entscheidung des Gerichtes herbeizuführen, C 490.

4. Kann eine verhängte Geldstrafe nicht beigetrieben werden, und ist die Festsetzung der für diesen Fall eintretenden Freiheitsstrafe unterlassen worden, so ist die Geldstrafe nachträglich von dem Gericht in die entsprechende Freiheitsstrafe umzuwandeln, C 491.

5. Ist jemand durch verschiedene rechtskräftige Urteile zu Strafen verurteilt worden, und sind dabei die Vorschriften über die Zuerkennung einer Gesamtstrafe außer Betracht geblieben, so sind die erkannten Strafen durch eine nachträgliche gerichtliche Entscheidung auf eine Gesamtstrafe zurückzuführen, C 492.

§ 29. Die Kosten. Jedes Urteil, jeder Strafbefehl und jede eine Untersuchung einstellende Entscheidung muß darüber Bestimmung treffen, von wem die Kosten des Verfahrens zu tragen sind, C 496, Abs. 1.

1. Die Kosten, mit Einschluß der durch die Vorbereitung der öffentlichen Klage und die Strafvollstreckung entstandenen, hat der Angeklagte zu tragen, wenn er zu Strafe verurteilt wird.

Stirbt ein Verurteilter vor eingetretener Rechtskraft des Urteils, so haftet sein Nachlass nicht für die Kosten.

2. Einem freigesprochenen oder außer Verfolgung gesetzten Angeschuldigten sind nur solche Kosten aufzuerlegen, welche er durch eine schuldbare Versäumnis verursacht hat, C 499, Abs. 1.

Bei wechselseitigen Beleidigungen oder Körperverletzungen wird die Verurteilung eines oder beider Teile in die Kosten dadurch nicht ausgeschlossen, dass einer derselben oder beide für straffrei erklärt werden.

3. Ist ein, wenn auch nur außergerichtliches Verfahren durch eine wider besseres Wissen gemachte oder auf grober Fahrlässigkeit beruhende Anzeige veranlaßt worden, so kann das Gericht dem Anzeigenden, nachdem er gehört worden, die der Staatskasse und dem Beschuldigten erwachsenen Kosten auferlegen, C 501, Abs. 1.

Erfolgt eine Einstellung des Verfahrens wegen Zurücknahme desjenigen Antrages, durch welchen dasselbe bedingt war, so hat der Antragsteller die Kosten zu tragen.

4. Die Kosten eines zurückgenommenen oder erfolglos eingelegten Rechtsmittels treffen denjenigen, welcher es eingelegt hat, C 505, Abs. 1, Satz 1.

FSC
www.fsc.org
MIX
Papier | Fördert
gute Waldnutzung
FSC® C083411

Kolibri 360 GmbH
Ferdinand-Jühlke-Straße 7
99095 Erfurt, Deutschland
produktsicherheit@kolibri360.de